U0144464

文史哲詩叢

拾夢草

鍾雷著

文史哲出版社印行

國家圖書館出版品預行編目資料

拾夢草 / 鍾雷著. -- 初版. -- 臺北市 : 文史哲, 民86
面 ; 公分. -- (文史哲詩叢 ; 25)
ISBN 957-549-096-7(平裝)

851.486 86009234

文史哲詩叢

拾夢草

著者：鍾雷
出版者：文史哲出版社
登記證字號：行政院新聞局版臺業字五三三七號
發行人：彭正雄
發行所：文史哲出版社
印刷者：文史哲出版社
臺北市羅斯福路一段七十二巷四號
郵政劃撥帳號：一六一八〇一七五
電話 886-2-23511028 · 傳眞 886-2-23965656
實價新臺幣一八〇元
中華民國八十六年七月初版

版權所有・翻印必究
ISBN 957-549-090-8

・三十一年冬，作者攝於華北軍次，時任師政治部主任。

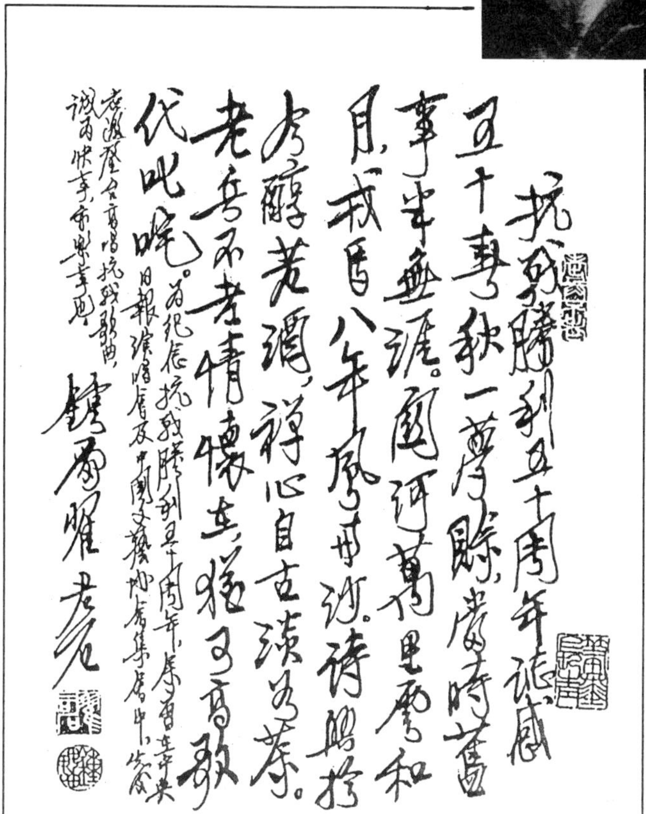

抗戰勝利五十周年誌感

五十春秋一夢賒，當時舊事半無涯。關河萬里風和月，戎馬八年風與沙。詩興猶存醇若酒，禪心自古淡如茶。老去不老情懷在，猶可高歌代叱咤。

為紀念抗戰勝利五十周年，余曾在中央日報演唱會及中國文藝協會集會中，先後應邀登台高唱抗戰歌曲，誠為快事，亦樂筆之。

鍾雷[illegible]

・封面照片為作者於八十四年「七／七」前夕，在文友合唱團及中央日報等單位合辦之「回憶常在歌聲裡—紀念抗戰勝利五十週年演唱會」中，應邀登台高歌抗戰歌曲二首，寶刀不老，甚獲好評。後並成詩以記其事如左：

拾夢草

目錄

自序

「浮生若夢」，是李太白筆下的感喟；「古今如夢」，則是蘇東坡詞中的慨歎。還有所謂「人生如夢」、「往事若夢」等等，也都是古往今來文人墨客所常引用的詞句。但所不同者，也許只是每個人夢境之有所差異而已。

從孩提而至今日，行過一世紀的四分之三，我當然也有很多很多的如夢的往事；而使我最最不能忘懷的猶如夢境的往事，莫過於八年抗戰、百戰疆場的那些憶念。在一個人最足珍貴的黃金年代的歲月裡，卻從漫長的烽火硝煙、槍林彈雨，以及無盡的風霜雨雪、寒暑陰晴之中，萬里關河，跋涉轉戰，渡過九死一生的最最艱苦的大時代；雖然我只是那個大時代中一個渺小的人物，對於多難的祖國的貢獻也只不過是滄海之一粟，但於我個人的一生，卻難免有著最具有關鍵性的重大影響。如此往事，如此夢境，也當然未免是欲忘而難忘；同時，這本詩集中「拾夢草」的新詩，與「戎馬行」的舊詩，也正可以爲那一段如夢的歲月，留下一些片斷而斑駁的「有詩爲證」的回憶。

民國二十六年七月七日「盧溝橋事變」，在今天一般人看起來，可能認為只是歷史的一頁，或者是日本侵華史的一章；而在我們這一代特別是我個人而言，則是半生史册的一個重要轉捩點。為了國家民族，當時熱血沸騰，義憤塡膺，在最高領袖全面抗戰的神聖號召之下，不顧一切揮別了大學生活而「投筆從戎」，參加了偉大的抗日行列。

我在入伍從軍的時候，正是意氣飛揚的「少年十五二十時」；當時雖然也正是所謂「為賦新詞強說愁」的年齡，但不一定為說愁而寫詩，卻只是愛詩和愛寫詩的年齡。因而筆雖投而未棄，入伍之後，「槍在我們的肩膀」，筆也依然在我的手中，而經常所寫者，自然是以詩為多。

我出生在一個耕讀和詩禮傳家的家庭，先父曾經歷任縣長以及河務總局長等職，因治黃沁兩河而積勞成瘁，壯年逝世。我們姊弟四人，在父母培育之下，從小就兼讀「家塾」和「學堂」；家塾的「十年寒窗」，使我奠定了一些國學基礎，尤其對於詩詞曲賦，愛好頗深。而由初中以至高中，則在七哥君仁（即是我的胞兄，在家中大排行為第七，我是第十）的啓發之下，對於新文藝也從愛好與嘗試，進而有了與日俱增的嚮往和追求；同時，也由於個人多方面興趣的擴展，參與各種活動的範疇，也一天比一天廣博，如組織詩社、文藝社、辦校刊、編報紙副刊、印叢書、演話劇、唱國劇，參加各類型的音樂會、金石書畫展覽，經常代表學校參加運動會和球類比賽……等等，實在可以說是在我個人生命歷程中，最爲充實而多彩多姿，並且產生了相當重大冶鍊功能的金色年華。

在大學時代，我讀的是文學，特別是對於詩詞和戲劇有著一貫的愛好與致力；因而在抗戰期間戎馬倥傯的餘暇，才會信手寫了一些新舊的詩篇，用以排遣個人悲歡哀樂的情緒。及今則也可以爲我曾經行過的大時代，留下一些彳彳亍亍、斑斑點點的如夢的回憶。當然，在那個時期，我對於舊詩還沒有具備一定的功力，而且常常在匆促成章之際，又沒有詳加推敲的時間和餘力，有時候難免對仗不工、平仄失叶，甚至於也可能會有出韻之處；如今收印在「戎馬行」卷裡的舊詩，也只有任其「存眞」，或許更有其特殊的意味吧！而此點務望方家勿哂則個！

猶記我自從軍入伍之後，先從一名二等學兵幹起，經過河北平原的撤退，晉南山區的轉戰與轉進，南渡黃河，在台兒莊會戰之前，隨軍經過洛陽，遇見也是全身戎裝的十一弟本懷（即我的胞弟，大排行爲第十一）；同時也聽說七哥已經南下投效空軍去了。爲了多難的祖國，我們同胞兄弟三人，都移孝作忠，離家從軍而勞燕分飛了。故鄉只留下白髮老母，在漫長而苦難的歲月裡倚閭而望，情何以堪！而除詩以外，又有什麼可以表達我的感懷與無奈呢！

台兒莊大會戰以後，我奉命由排、連長「改行」而當起了政工人員，在蘇、皖、魯、豫、冀、晉、察、綏的萬里轉戰中，先後擔任過團、旅、師政治主任，多次兼任過政工大隊長，也客串過三縣縣長（山東曹、單二縣以及河南虞城）的腳色。在這一段期間，爲了工作的需要，詩已少寫而曾寫過不少類型的劇本，甚至於自己還常「粉墨登場」。可惜那些劇本早已散失淨盡，在此也就不談了。

抗戰勝利之前，我又由政工而轉任師參謀長；勝利後，奉命首先率部進入徐州，部署接收；當時除了軍事政治之外，我也特別著重於當地的文化事業——如報紙、書店、影院、電台的運用與管理，藉以安定社會人心。同時也曾經聯合當和各軍中戲劇人士，盛大公演了一次抗戰間諜喜劇「虎穴」；我新婚未久的賢妻，也被大家請出來，串演劇中的女主角。此外，我也想到著手出版一本自己的詩集——「拾夢草」，因而作爲「代序」的一首「拾夢者」，也就是在那個時候所寫的。日居月諸，北雁南飛，如今已是五十年的滄桑歲月過去了！

而在這半世紀以來，雖然是韶光似水，往事如夢，而我和我的筆仍然長青依舊，寫新詩、舊詩，寫小說、散文，寫各種類型的劇本；獲得過無數次國內外的文藝榮獎，以及美國「世界藝術文化學院」榮譽文學博士學位；擔任過國內外各類文藝影劇獎項的評審委員，並且擔任了許多全國文藝社團以及文化影劇單位的理事長、常務理事、董事、顧問、委員等職務；也和賢妻蒂華牽手並肩出席過多項的世界性文藝會議，同時雲遊四海爲樂。而且家中三代同堂，有子克紹箕裘，有孫繼承衣缽，天倫之樂樂無窮，此外更復何求？

這本「拾夢草」本來應該是我的第一本詩集，現在卻成爲我的第六本詩集了。它原來應該只是爲了紀念我的抗戰歲月和戎馬生活的，而我則特別將悼念母親、七哥、以及十一弟的詩編入，以誌永恆的思憶於不忘。在這本詩集付梓之前，我也曾有詩以述懷抒感，亦可作爲「楔子」。詩曰：

「風霜萬里渡關河，戎馬十年苦樂多；
夢醒悲歡遺落盡，拾將詩句代長歌。」

翟君石（鍾雷）八十六年元月台北市華實樓

拾夢草 ·卷上·

鐵馬冰河往日夢，春華秋實此生情。
（三十四年秋，作者夫婦攝於徐州。
作者時任師參謀長，勝利後奉命接收
徐州。）

拾夢者（代序）

第一片憔悴的黃葉，
帶來了北國的秋風；
輕輕地，我拾起了牠，
像拾起已逝的殘夢。

回憶如過眼雲霧，
捲著遙遠的風沙，
是一串悠長的故事啊！
從不可知的海角到天涯。

曾看見失樂園中的無花果，
豎琴也流出過動人的哀歌；
中世紀騎士的劍都銹了，
唐吉訶德也抛去了他的長戈。

夜光盃裡的美酒已涼，
濃冽的醇味也變成澀苦；
抖一抖征衣上的霜露吧！
看鬚髮裡滿是舊日的塵土。

悃然徘徊於夢的邊緣，
咀嚼著八年的愉快和辛酸；
聽啊！一聲光明的呼號，
雄雞唱出了絢燦的明天。

昨夜的海，黑潮已經退落，
沙灘上滿佈著夢的貝殼，
我——一個孤獨的拾夢者，
俯身重撿起回憶的斑駁。

——三十四年秋，徐州。

山國之旅

寒冰凝凍了大地的呼吸，
衰弱的河川早停止了喘息，
陰鬱的長空繃著貧血的臉，
聽勁風在枯枝上嘶聲哀泣。

山國裡，一串鋼鐵的行列，
是一條不冬眠的巨蛇；
崎嶇的峰巒，阻不住熱烈的希冀，
無休止地，向那遼闊的天際爬。

揮去了陳舊的悒愁和憂傷，
凍風裡飄飛著入雲的高唱；
青春的歡躍，迸發新生的旋律，
遙遠的溫夢，紆縈明天的陽光。

星光下，有一把燎原的野火，
夜風飄過幾縷嘲謔的情歌，
亂草裡交響著鼾聲的節奏，
是誰在低吟「北征談笑奪關河」。

荒漠的山國失去了往昔的豐腴，
流浪群強挨著飢餓的侵噬，
山胡桃充實了生活極限，
渴飲著厚冰下面的黃河水。

疲憊的雙腿量過萬重關山，
讓歲月刻劃著憔悴的面顏，
英雄夢牽引著無盡的狂想，
一萬本血債要向魔手中討還。

山國裡，響著震天的怒吼，

灼熱的心靈沸了青春的血流，
聽鋼鐵的行列在咆哮，
齊唱著走啊向前……向前……向前走！

——二十六年冬，太行山麓。

夜哨

寒風有如刻毒的老巫婆，
在槍口上打著咀咒的呼嘯；
伴隨著夜的沉落，
深谷裡，有狼群在哀嚎。

孤獨的星下有孤獨的樹，
孤獨的樹下有孤獨的我；
我有欲眠的眼與不眠的心，
而心又是如此的孤獨寂寞。

我緊緊的抓握著手中的槍，
槍緊緊的上著雪亮的刺刀；
爲何眼前沒有半點動靜？
即使有隻鬼摸過來也好！

——二十六年冬，太行山麓。

飛渡風門口

喂！告訴你們，
老子沒有什麼買路錢！
只有手裡的槍，
槍膛裡有的是子彈。

你別仗著居高臨下，
就以爲佔了上風；
今兒個縱然是爬天梯，
我們也照樣的往上衝。

聽吧！衝鋒號響了！
我們都上好了刺刀；
捲起黃昏的風沙，
搶關的攻勢像海潮！

機槍哈哈大笑，
野砲放聲怒吼；
白刀子進紅刀子出，
殺得你們片甲不留。

誰叫你們有眼無珠，
竟敢擋老子的路；
即使你有銅墻鐵壁
我們也會闖關飛渡！

—二十六年冬，王屋山區。

無題

（十四行）

爬呀！爬過那九重山頭；
嚴冬裡，熱汗遍體潸流。
妳，爲什麼還有心歌唱，
這歌聲增加我多少悵惘；
請妳也不要對著我微笑，
這笑容使我迷惑又懊惱。
走吧！前面的路尙遙遠，
走過了今天還有著明天！
我想贈妳一朵路旁野花，
怕妳看到花就懷念老家；
該記得妳在家時多嬌美，
如今卻在戰場逐漸憔悴……

唉，且收拾起這份閑愁，
爬呀！爬過那九重山頭！

——二十七年春，晉南山區。

夜渡

今夜，且盡量的飽啜著
這上好的醇烈的汾酒吧！
我們將在敵前渡過汾河，
投入拂曉時分的大戰鬥。

扛起槍，推起砲來，前進！
管它什麼風如利劍水似刀；
也不怕夜凍結的像塊硬鐵，
我們的心裡有把火在燃燒。

啊啊，好一次艱辛的徒涉，
似向那無底的冰獄沉落；
河水用酷寒來將人馬熬煎，
浮冰想砍刺我們的頸脖。

全身的裝備已濕透，
牙齒在嘴裡不停的顫抖；
水底下有如無稽的暗夜，
在噩夢的邊緣摸索行走。

感謝天，終於爬上岸了！
寒風裡，人都變成冰條；
所有的機能，此時全已痲木，
連自己是誰也似不復知道。

咋宵殘餘的酒意已醒，
只覺得口裡的乾渴難耐；
不必再去別的地方找水，
且在胸前敲下一塊冰來！

——二十七年春，晉南。

春與饑餓

荒漠的沒有花的春天，
一如無夢的長夜；
我無詩，如無囈語。

破鏡中我遺失了自己，
而我更無勇氣
向妳的眸子裡去找尋。

我有屬於腸胃的飢餓，
屬於口腹的貪婪；
那豈是情愛所能填充的？

任妳咀咒我的傖俗好了！
只因有了戰爭，

我便淡忘愛情……

且啣著降龍木的煙管，
撫著新結的傷疤，
坐在山坡看黃河東流。

而一聽到對岸火車的鳴叫，
我的心又飛向那有春天的，
有美酒有佳肴的遠方了！

—二十七年春，風陵渡。

有所思

有所思，
不是過去也不是未來，
不在此處也不在遠方；
然而，我有所思。

有所思，
那是不能說出來的，
想寫，沒有筆，
想歌唱，沒有琴弦。

有所思，
我知道那是最甘美的，
但也將是最苦澀的……
在戰鬥裡，不如沒有！

SOMETHING TO THINK ABOUT

Chung Lei

tr. by David Li-heng Chu

Something to think about,
Something of neither the past nor the future,
Something neither here nor there in the distance,
Yet truly, I've got something to think about.

Something to think about,
Something I can't tell.
To write it down, I haven't got the pen.
To sing it, there's no lyre.

Something to think about,
Something of the sweetest type,
As well as the most bitter type,
Something I would not have experienced,
in these days of combat.

—二十七年春，茅津渡。

（附記）此詩的英譯稿，曾於一九八二年七月在西班牙馬德里所舉行的第六屆世界詩人大會中朗誦。

春訊

春，眞的來了吧？
腳踝上的凍瘡在發癢，
棉衣裡的蝨子在喧鬧；
春，是眞的來了！

山下已來了賣蒜苔的，
擔著一筐綠色的春的辛辣；
而且，茅屋前的香椿，
也開始抽出柔嫩的新芽了。

於是，小伙子們忙碌著，
整理好了亂蓬蓬的鬚髮，
那些曾在戰爭裡憔悴的大妞兒，
也忙碌著，把自己扮成一朵花。

暫時先扔開了槍桿，
揚棄了一切戰備的緊張；
讓屬於春天的歡樂，
散佈在營地的溪邊山上。

即使明天有一場大戰鬥，
我們也用不著擔心發愁；
且在今日享受個飽，
因爲春已眞的來了！

——二十七年春，晉南。

別山區

再會，你貧瘠又荒冷的山區，
你給予我的苦樂將永不忘記；
而我曾遺落於此的無跡的夢，
今後也永不願再來從頭尋覓。

再會把！讓我揮手向你告別，
我將珍惜著我們共處的歲月。
前面的天地在對我慇懃召喚，
誰不嚮往那壯闊無邊的原野！

——二十七年春，王屋山麓。

臨近的鄉愁

我曾有萬里外的鄉夢，
以及千百里外的鄉思；
而更難以排遣的鄉愁，
卻在此時的臨近的咫尺。

這臨近，猶如遙遠，
一切的現實，如夢如幻；
我不知道如何的近鄉情怯，
更無從去掇拾永恆的留戀。

啊啊，我最親愛的故鄉，
恕我再次掙脫了妳的懷抱；
我不能在妳的淚眼下駐足，
因為祖國有遍地的烽火燃燒！

不要嘆息，也不要說再見，
那只有使我更加悲感與傷神；
我又走了，不知何時再回來，
只有異日異地的鄉愁，更深……

—二十七年春，河陽渡。

風雨渡黃河

（十四行）

在風雨中，我們渡過黃河，
是誰高唱著出發東征的歌？
我以淚眼模糊看滾滾東流，
心裡也泛濫著無盡的哀愁。
在中流，我不敢回首北望，
怕想倚閭的老母白髮蒼蒼；
那童年的美夢也相去日遠，
空餘壯志如虹遙掛在天邊。
此日渡河，何時再歸故鄉？
前路是戰場更接連著戰場！
去吧！我們是祖國的兒女，
不許流淚，也不要怕風雨；

爲了撲滅這漫天的大烽火，
讓我們慷慨悲歌的渡黃河！

——二十七年春，孟津渡。

古城散句

那些久遠而又古老的
前人爲我們留下的詩句，
屬於描述和歌頌這古城的，
至今都已不易尋覓了。
如有，那就是來自咸陽的
車轔轔，馬蕭蕭！

雖有洛陽女兒對門居，
而她卻不是我們所渴求的。
上猶有太白遺風的酒樓吧，
叫大碗酒，大盤肉，
拼將三個月的薪餉，
換取一次盡情的享受。

唉，春夜裡那有笛聲？
這動盪且又傖俗的古城，
連半點詩意亦不復存在；
且聽我們這幾個醉漢，
哼著即景的散句，
蹣跚的踏著月色歸來。

——二十七年春，洛陽。

無期之別

（留贈十一弟）

在這陌生而又稔熟的古城裡，
曾有我們無數的童年夢，
如今已沒有心緒再去尋覓；
而那茫茫的未來又不可知，
我們乃黯然於聚散的邊緣，
愁聽窗外洛陽三月的淒風苦雨。

飲乾這戰爭給予我們的苦酒吧！
莫讓傷心淚洒濕彼此的征衣；
此時一別，不知何日再能重逢？
也許要等到鄉音已改鬢將衰……
而在這大時代的烽火硝煙中，
又有誰惜弟兄如勞燕之分飛！

珍念著今日的短暫不期的相聚，
明天又將是遙遠無期的別離；
如今我們都是英勇衛國的戰士，
應有如虹的壯志向四方與萬里！
且舉盃互祝一千萬個珍重吧，
啊！惱人的是欲飲琵琶馬上催……

（附記）此詩初稿，係在二十七年春將赴東戰場之前寫成於洛陽；在動盪時代中，兄弟一別，眞不知何日再重逢，故傷心之餘，命題爲「無期之別」。幸上天庇佑，使我兄弟於抗戰勝利後的三十七年春季，重逢於南京，團聚於上海，前後分別十年，未通音信，亦可謂「長期之別」了。其後又來台重聚，再讀此詩，不禁感慨萬端。

東征行

（十四行）

火車吼叫著，向東方飛奔，
東征的戰士們在高唱入雲。
過去虎牢，又過汜水滎陽，
也無人眺望四野黃沙迷茫；
夜駐平漢隴海交岔的鄭州，
彷彿不見歡樂，只餘哀愁。
啊啊，那曾是汴京的開封，
兵荒馬亂，無復當年昇平；
看煙塵漫蔽了龍亭與鐵塔，
似在顫慄於不可知的風砂。
別了，曾留我記憶的地方，
我要直入那臺兒莊的戰場；

你聽這保衛大徐海的高歌，
東征的大軍啊，氣壯山河！

—二十七年春，隴海路上。

夜行軍小吟

穿透沉睡的闇夜，
踩著囈語的原野，
看眨眼的星，爲我們打著燈號；
且握緊一個永恆不變的方向，
讓新的道路在我們的腳下踏出。

那躲在一叢叢大樹後面的，
該是一座酣眠的村落吧！
唉唉，我想它會有家酒坊的，
而在那家酒坊內，半夜裡
或許正已蒸出上好的白乾酒……

披著夜寒與不眠的困頓，
傾聽飢腸的不耐的咕嚕，

我將抱著幌動的馬頭而入睡了。
啊！何處的一聲雞唱，
又爲夜行者帶來黎明的訊息！

—二十七年春，東海。

戰地之春

從曾經凝結著我們血汗的
而已開始解凍的泥土裡，
有熟悉而濃郁的芳香洋溢了。
於是，在岑寂已久的戰場上，
乃聽見了種子們破土的爆響。

春，來自掩體石縫裡的草芽，
來自剛爬上鹿柴的藤蘿鬚；
而溪傍的楊柳也抽出了新葉，
該爲我們的發亮的鋼盔上
用綠色編綴著僞裝的桂冠了啊！
在使人懶洋洋的陽光下，
靠著槍，暢快的剃剃鬍鬚吧！

而當沒有風的夜晚到來時，
再讓我們迎著澈藍的星空，
好好的做一個多彩的遠夢。

—二十七年春，蘇北桃林。

戰場速寫

一聲淒厲的冷槍，
曳著尾哨飛過去了；
接著，是死一樣的沉寂。

在凝凍的空氣裡，
每個槍口都屏住呼吸，
搜索著遠處的獵物。

把生命押在存亡的邊緣，
以緊張又機警的躍進，
去控制這筆黑色的賭注。

野砲耐不住這份岑寂，
只重重的咳嗽一下，

於是，戰鬥的樂章開始！

——二十七年春，台兒莊戰場。

戰後拾句

暴風雨過去了！
砲聲的鬱雷，
與機槍的狂嘯，
人的呼喊，馬的嘶叫，
一切都過去了！

那些來自有櫻花的島國的，
挾著侵略迷夢的倭武士們，
以他們殷紅的腥血，
爲駱馬湖洒上慘痛的記憶；
而在乾涸的湖底，
有闇夜的燐火點點，
似在訴說其靈魂於無處。

兀鷹在低空盤旋，
餓狗夾著尾巴奔逐；
讓那些斷肢殘骸，
在破爛的太陽旗下，
作陰天的鬼哭吧！

—二十七年春，台兒莊戰後。

大戰小感

經過幾晝夜的生死搏鬥，
我終於又回到人間來了；
且慢誇耀那些驚險的故事，
先帶著遍體的血污與麻木，
讓我去尋一個暢快的好夢。

而當我一覺醒來的時候，
這篇煌煌赫赫的大捷報，
早該傳遍昇平的後方了吧！
不知道我們的鮮血與熱汗，
能否換得其中的一個逗點？

——二十七年春，徐海戰場。

過運河

此時已不是煙花三月，
而我們的行程又如斯倥偬；
雖然兩岸的楊柳如帶，
也無從牽繫遙遠的溫馨夢。

任馬蹄踏遍長堤的茵草，
皮靴上沾滿野花的蕊粉；
我們是奔赴戰場的過客，
那裡有什麼閑情來傷春？

向南去的流水揮手告別吧，
我們北征的里程更遠更長；
偶然相聚又偶然分離，
人生本是如此的匆忙。

—二十七年初夏，蘇北。

風雨夜行軍

茫茫夜，
茫茫大野，
茫茫的風雨。

走啊，走啊……

沒有歌唱，沒有歡笑，
也沒有呻吟以及嘆息；
只一個腳步跟著一個腳步，
跋涉於泥濘又崎嶇的前路。

（那擁衾高臥的美夢呢？）

毋需有多餘的奢想了！

但渴望黎明趕快到來，
天晴後，到一個小村落，
那裡有溫暖的茅屋和酒。

走吧，走吧……

茫茫的風雨，
茫茫大野，
茫茫夜。

—二十七年夏，沂蒙山區。

土門小夜曲

溪邊有一堆未熄的篝火。
林中是誰在低唱著情歌；
夜夜總無法編織還鄉夢，
只因這惱人的景色太多。

愛情是仲夏夜裡的寒流，
人們在隨波逐浪而浮游；
你如果躍身於千丈深淵，
不知何日是登岸的時候？

—二十七年夏，魯南。

五月無戰事

這熾熱而又沸騰的季節，
卻在極其優閑中渡過了；
五月，無戰事。

有榴花如火盛開，
在無戰事的日子裡，
讓它去象徵女人的嘴唇吧！

把我們過剩的精力，
消耗在玩膩了的競技場上，
然後到山澗裡去睡個午覺。

賣菸酒的小店老闆，
生意忙得手腳不停；

軍醫院空著，沒有傷患。

五月，無戰事；
槍栓都無聊的生滿銹斑，
號兵連喇叭也吹不響了！

—二十七年夏，魯南。

夜飲

你一口一聲嘆息，
我一杯一個歡笑；
你說你悲感於今夜，
我卻要迎接那明朝！

趁頭上還未生白髮，
趁短劍還沒有生銹；
我們來高歌向前，
切莫爲往事回首！

—二十七年夏，魯南。

砂粒

在大時代的氣漩裡，
我是一顆渺小的砂粒；
沒頭沒腦的打著翻滾，
跌倒了再重新爬起。

隨著風翼的飛揚，
我得不到片刻休息；
一會兒躍上山巔，
一會兒又墜落谷底。

而我從來沒有灰心，
更不知道垂頭喪氣；
迷惘裡並未放棄方向，
永作頑強的掙扎努力！

看無數嶙峋的岩塊，
已沖磨成圓滑的卵石；
我則保時著滿身稜角，
決不肯同污於土泥。

讓我攀住一株勁草，
也好舒挺一下腰臂；
期待著一把燎原野火，
使我燃成光明的質子！

——二十七年夏，魯南。

幕落時

幕落時，我突然疲倦了；
那如潮的掌聲與喝彩，
於我何其疏落而遼遠。

任我靜靜的躺在臺上吧！
讓我保有前一分鐘的光榮，
繼續扮演那位殉國的勇士。

不要拿開我胸前的花環；
那是我劇中最愛的小女人，
剛剛哭泣著爲我放上去的……

—二十七年夏，魯南。

（註記）總部劇團演出我們集體創作的劇本「游擊之歌」，甚爲成功，男女主角表現特佳，大獲好評，乃寫詩以紀之。

贈乾媽

妳打發了自己的愛子，
走上遙遠的異地戰場；
卻在臨近戰場的破家裡，
接待著來自異鄉的遊子。

妳饗我們以自釀的米酒，
以荒園裡僅餘的金針菜；
以終年捨不得吃的鹹蛋，
以妳溫煦如春風的母愛……

而我們也要向妳告別了，
不要送，不要倚閭含淚揮手；
怕看妳秋風裡的蕭蕭白髮，
使遊子心上更增加幾許離愁！

——二十七年秋，魯南。

中秋夜唱

看今夜長空萬里無片雲，
只有皎潔的月光照離人；
故園，不堪回首月明中，
且低吟每逢佳節倍思親！

聽秋草裡寒蛩切切悲鳴，
最使遊子斷腸的是此聲；
寂寞戰場，嬋娟誰與共，
空悵惘一夜鄉心幾處同！

極目前路還有萬重關山，
君不見祖國遍地有烽煙；
舉杯邀月，相與成一醉，
更高歌不破樓蘭誓不還！

——二十七年夏，泰萊山區。

青紗帳

秋，在忙碌著，爲大地
織起一面龐大的青紗帳；
它從天邊來，到天邊去，
如海，泛著無垠的波浪。

那是一個帘幕，謎樣的；
飛機與炸彈，不能揭開，
大砲和機槍也不能揭開，
縱有燎原野火也是徒然。

那是游擊健兒們的走廊，
打一次勝仗，睡個香覺，
睡個香覺，打一次勝仗……
啊，你聽這故事多夠味！

那也是情侶的幽會所呢！
在無燈，又無月的晚上，
或著甚至在白晝的某刻……
哈，何其旖旎而又荒謬！

—二十七年秋，泰萊山區。

秋思

秋，乘著白雲的帆，
航過遠遠的高山，
來自沒有海的遠方。

而當她在戰地停泊時，
乃見山楂羞紅了臉，
蘆荻愁白了頭髮。

想故鄉此時的柿園裡，
「雁過紅」已肥肥胖胖，
如即將出嫁的新娘了吧！

庭院中的梧桐瓢子，
又載滿了我童年的溫夢，
飛啊，飛向何處……

—二十七年秋，泰萊山區。

悼——（十四行）

這墓碑上的字太少了一點，
像正你生命歷程如此短暫；
而在這沒有鮮花的季節裡，
有什麼能點綴殘夢的絢麗？
啊！那殘夢，一去永不回，
空留盧家少婦守候在春閨！
你長眠處，不是無定河邊，
但家鄉遼遠也隔萬里雲山；
我們又將向另一戰場轉進，
風晨雨夕，何處爲你招魂？
別了，你安息吧！安息吧！
你在我們心裡是不凋的花；
如果明天就是勝利的時候，
那你又何慮乎寂寞與哀愁……

——二十七年冬，魯西。

北行吟

負起輕的行囊，重的槍，
向北方的北方，出發！
那裡，也許是天之盡頭，
或地之邊緣，雖管它！

走吧！向北方的北方！
一切都不陌生，在那裡，
有冰雪，也有春天，
有戰鬥，也有勝利。

在那裡，有詩，有酒，
有歡樂，也有歌唱；
我們所要的，那裡都有，
走啊！向北方的北方。

——二十七年冬，魯北。

（以上均連刊於四十六年出版之「今日新詩」一——十一期）

前站

如蝸牛之觸角，
如處女地的拓荒者：
我們來了，
——我先來了，

在不作戰備的行軍中，
看四野景物何其清新！
路雖長而似短，
連風雨也不淒冷。

投身於萬家燈火的集鎮，
多日的征塵又該洗滌了。
而夜色迷濛，
不知酒店何在？

——二十七年冬，魯北。

狐火

淒厲的悲嚎著，
飄忽的飛舞著……
在有雪意的夜空裡，
燃陰森而怪異的紫燄，
如隕星自天際之下墜。

馬群豎起張惶的耳朵，
用騷動嘶說它們的驚怖。
在千萬人錯愕的沉默中，
但聞老於行伍的伙夫們，
指出她是道行千年的狐火。

而她，飛掠過田野與林梢，
向荒山的那邊隱逝了——

我似從一個噩夢裡醒來，
遙想今夜不知名的前村，
或有聊齋中的青鳳出現。

——二十七年冬，黃河故道。

渡黃河故道

聽浮橋下面波流的嘆息，
或曾是經過故鄉的稔客吧！
也許還帶著大馬河的哭泣，
與村後那條小溪的嗚咽。

而此時故鄉原野上的風雪，
該也像這裡一樣的咆哮著；
使我無法凝想爐火的溫馨，
也聽不見千里外慈母的呼喚……

—二十七年冬，黃河故道。

歲暮之什

昨夜的夢太多，
鞍枕上的淚痕也太多；
而在異鄉的歲暮，
誰又不是懷鄉的病患者啊！

當清醒於現實的今天，
備戰的忙碌會使你忘掉苦惱；
且無暇計數這歲月的腳步，
難得人生的青春如此美好。

打好了你的綁腿，
戴正了你的鋼盔，
如果沒有戰鬥情況，
莫忘還有女孩子們的約會呢！

——二十七年冬，冀南。

聞捷報

捷報自天之一方傳來，
自那平常不太稔知的——
要翻開地圖才能找到的地方。

好！讓我們舉起盃來，
向你遙遠的祝賀吧！
戰友們，這一仗打得夠漂亮！

到明天，該看我們的了；
我們將傳出更輝煌的捷報，
讓全國上下都興奮得發狂！

而那時候，請你也翻開地圖，
看吧！我們就在這裡，
在更遠更遠的天之一方……

——二十七年冬，冀南。

在晚會上

「妳聞聞，看我喝酒了沒有？」（註）
妳湊過鼻子，接著是一個白眼；
於是，我們都忘記了臺詞兒，
僵在那裡，相對著楞了半天。

原諒我，我是眞的喝酒了；
可是妳又不會瞭解我的心情。
（還有，今兒晚上天這麼冷，
而且這舞臺又是四面透風……）

如果眞有妳這個小媳婦兒，
再也不會酒入愁腸化成淚；
而妳總是這樣癡癡的看著我，
也不知道妳心裡是在愛著誰？

唉！當這場晚會散了之後，
我又得擦亮槍膛去迎接戰鬥；
也許還有再扮演妳丈夫的機會，
讓妳聞聞看我到底喝酒了沒有？

—二十七年冬，冀南。

（註記）這是抗戰期間一幕話劇「張家店」中丈夫向他妻子所說的臺詞。而此詩也是爲劇中的主角馬越千老弟而寫的。

風雪路

一望無際的白，
從天邊到另一個天邊。
路，在我們的腳下，
在不可知的前面。

而思緒也都是空白的；
沒有過去的懷戀，
也沒有未來的預想。

任四野的風聲嘶吼，
任漫天的雪片飄落，
而我們是不會被埋葬了的！

如果有一滴血洒下，
那也是夠絢爛的了；

但，敵人都已冬眠，
我們的準星乃寂寞的笑著……

——二十七年冬，冀南。

再來的春天

當春再來時，
誰在佇候著你，
於迢遠的路之盡頭？

而路是無盡的，
一如歲月的軌轍，
延伸向不可知的未來！

未來不可知，
那佇候著的人，
或已忘卻春之將至。

而春，又已將老，
路仍沒有盡頭，

妳啊，還在佇候著誰呢？

—二十八年春，冀南。

（以上刊載於五十三年至五十四年「葡萄園」詩刊第九—十二期）

英雄病患者

（戰時伙伴之一）

來自冰雪地帶的春天，
還未拭盡鬢邊的粉墨餘痕，
唐突地投身於戰爭之奇蹟，
一個無所謂的英雄病患者。

有著黑的名字，紅的血，
藍色的羅曼諦克的夢想，
多光的雙瞳，多熱的心，
多彩多姿的筆，與多邊的愛情。

你說你是一個不應該發福的人，
不應該結婚和不應該做官的人；
而不應該有的，你都有了，
於是，藝海乃見孤帆之迷失！

——三十七年，上海。

千里馬的悲劇

（戰時伙伴之二）

蹄下，曾有風雲之變色，
有不盡的煙塵滾滾如波濤，
有前程似錦與飛黃騰達的夢。

而在一個悲劇的年代，
未逢伯樂，亦未遇良將，
只有胡姬的琵琶鞍上頻催。

乃棄千金之骨於無定河邊，
而春閨中人又不知流徙何處？
啊！戰亂與苦難年代的悲劇！

魂兮歸來啊，千里馬！

莫再仰首嘶鳴於塞北的夜野，
那裡，月太黯淡，星已疏寥。

——三十七年，上海。

拾星的人

（戰時伙伴之三）

沉溺於詩的行吟，酒的縱飲，
徘徊在愛的羞怯與果敢之間；
載負著太多虛妄無稽的靈感，
與茹毛飲血先民們並駕之勇士。

總是夢想拾起很多很多的星子，
綴滿鋼盔，如蓓蕾之花冠，
綴滿胸前，作燦灼的助章；
而上天爲什麼總是不降流星雨？
總是讓你醒了又醉，醉了就狂？

唉唉，再喝一盃人生的苦酒吧！
再唱一曲比依里亞特更古老的歌吧！

再去悄悄地來一次鬼戀吧！
拾星的人啊，明天願你尚未老去。
—三十七年，上海。

謫仙的故事

（戰時伙伴之四）

背負著畫卷，琴囊，酒葫蘆，
如一在塵世烽煙裡流浪的頭陀。

常有著如羅漢一樣的散惰，
如彌勒阿逸多般的捫腹之笑；
一個連立正稍息都不會的匹夫，
常年都不肯洗臉淨身的懶骨頭。

不會舉槍，不會敬禮，
那是兩隻專爲揮舞多彩之筆的手。
而彩筆已折，琴囊已失落，
這人間煙火乃是如此的艱澀啊！

且葫蘆已碎，星鬢已斑斑，
謫仙的故事又向何處再去尋覓？

一三十七年，上海。

大野之歌

（戰時伙伴之五）

曾跋涉過落日孤煙的大野，
一株從風雪中飄泊而來的勁草，
一個從生死邊緣站立起來的靈魂。

只要有琴聲在嘹喨，彩筆在揮，
赤足追趕著滾動的球在跳躍，
那裡便有飢餓與患難中的歡笑。

空挾著一個快槍手的稱號，
空獵取一份不成熟的情愛，
而勁草啊！乃成爲風雪以外的飄萍。

大野的落日已西沉，孤煙已渺，

琴聲嗚咽在江南，在塞北，
我欲爲你招魂，而招魂無處……

——三十七年，上海。

愚者與弱者

（戰時伙伴之六）

雪已霽，在破曉之前後，
無邊的山嵐瘴氣猶在瀰漫。
夢已斷，而雄心仍昭昭千里，
太陽仍在千里千里之外的遙遠。

故鄉啊故鄉，妳曾經奉獻多少個孩子！
在祖國的苦難中，烽火的大地上，
使愚者用其智，弱者發其強，
把哭泣的鄉思化爲昂揚的鬥志！

西北的風雨何其飄渺荒謬，
而古井已無波，遊子老於何處？
今日的鄉思，更在千里萬里之外，
幾時歸去啊！覓得欲殘的碑碣一哭……

——三十七年，上海。

小人物狂想曲

（戰時伙伴之七）

從年青的囂張與浮燥中醒來，
從生澀的元龍意氣之夢裡醒來！
一副孩子的面容，一顆成熟的心，
一連串小人物悲歡起伏的故事。

遺落誕生的記載於白山黑水間，
遺落童年的歡樂於十里洋場上；
且遺落許多的狂想在戰時與戰後，
而戰後歲月卻是如此的使你迷惘。

還是那些歷盡艱險的日子令人難忘，
還是那些出生入死的往事值得懷戀；
且待寒冬逝去，春天再來，
好讀一段小人物破涕爲笑的訊息。

—三十七年，上海。

風雲譜

（戰時伙伴之八）

在風雲之下，海以叱吒的嗚咽，
以血與淚，隔斷了夢境的綠洲；
恨滿懷壯圖，隨睢陽齒以俱碎，
忍看風雲黯淡，何時山雨欲來？

在風雲以外，鐵已銹兮血已涸，
啊啊，你休克的普魯米修士啊！
掩著遍體創傷，直至肝膽枯裂，
而死前猶憾：千秋史册恥無名！

——三十七年，上海。

勞燕曲

（戰時伙伴之九）

何處復有寧靜？在暴風雨前，
亦無杜撰的幻夢任你沉潛；
短暫即永恆，苦難常先愛情而至，
乃任麗質天生隨戰火而綻熟。

在暴風雨中，脂粉已不復香郁，
而祖國的女兒們都是美麗的；
「遙憐故國菊，應傍戰場開」！

在暴風雨後，春已去而秋未來，
那些患難中的情愛，何其苦澀啊！
而勞燕終須分飛，向天南地北，
向那陣不可預知的更暴的風雨……

—三十七年，上海。

（以上刊載於五十六年至五十七年「葡萄園」詩刊第二十一二十二期）

不盡的尾聲

東、西、南、北，
春、夏、秋、冬；
山、河、關、塞，
風、雨、陰、晴……

歲月、戰爭、愛情，
青年、壯志、美夢；
好酒、良馬、快槍，
血淚、詩篇、歌聲……

啊，八年，八年啊！
昨夜、今日、明天……
啊，八年，八年啊！
過去、未來、永恆……

—七十六年「七七」抗戰五十週年紀念日，台北市。

戎馬行·卷下·

青春歲月，風雨河山；患難恩愛，華實長年。（三十七年春，作者夫婦攝於上海。）

戎馬行（餘稿）

均爲抗戰期間在軍中所作之舊詩，信手寫來，多有平仄不叶或失韻之處；且散佚甚多，此爲所餘之稿，亦頗值存其眞耳。

入伍

二十六年「七七事變」，響應領袖之號召，投筆從戎，此詩亦可謂余之「從軍行」也。

長蛇封豕竟南來，忍教河山付劫灰？故國多難邊塞急，元戎有令風雲開；
請纓投筆班超志，擊楫渡江祖逖才；莫道書生百無用，行看伏蟄起春雷。

戎伍雜咏

均爲抗戰初期之舊作。勝利後於三十四年秋接收徐州時，曾加整輯，後復散失，僅憶四首。

一、代惜別

慷慨歌燕市，惆悵過盧溝，不忍回首望，故都使人愁。

二、代贈別

絃歌久已歇，弓箭各在腰，依依從此別，誰復念奴嬌？

三、南行口占

南下復南下，行行又行行，何日旌旗轉，揮戈收舊京？

四、初升中尉

昔爲讀書子，今作執金吾；不解征人苦，心猶雄萬夫。

（註）「執金吾」爲秦官之「中尉」，在此借用而已。

晉南山區行軍口占 二十七年春作

身上全副重裝備，腳下一雙「踢死驢」；
常言遠路無輕載，誰謂安步能當車？

（註）「踢死驢」爲晉南山區所產布鞋，既硬且重。

舊詩紀事三首

此稿係三十五年間整輯於安徽蕪湖，當時約有十餘首，均爲七律，其後又經散失，來台後僅得三首，曾敘以文字撰爲「北征舊詩紀事」，於四十二年九月在「晨光」一卷七期發表。

一、過永定河懷無定河 二十六年秋作

黃沙漠漠遠連天，疏柳寒波籠暮煙。千秋戍客愁看月，萬里鄉思怕經年；
白骨青燐總無語，淒風苦雨更可憐！春閨人死征魂老，有夢幾曾到河邊？

二、風雪渡河北援 二十七年春作

戎幕黃昏整轡韉，三軍拂曉出邙巔。漫天大雪凍河朔，澈地狂風撼山川；
寒冰逐浪舟欲側，冷磧湮蹄馬不前，何當烽煙一掃盡，晴雲霽日凱歌還！

三、渡黃河東援台兒莊 二十七年春作

十里春風菜花黃，垂楊夾岸草生香。關山飛渡軍書急，驛路頻傳捷報忙；
鐵馬沖塵收嶺北，驍騎捲土過河陽，東征好自加餐飯，直入台莊古戰場！

隨軍過故鄉

二十七年春隨軍南渡黃河時，曾過故鄉，未得返家，有感而作。

一、思母

東征隨軍出河陽，遊子近鄉未還鄉，遙憐老母倚閭處，白髮蕭蕭斷人腸！

二、懷七兄及十一弟

烽火中原世局非，離巢勞燕自分飛，相期各將先鞭著，不靖胡塵誓不歸！

三、寄八姊

亂世誰憐詠雪才，兄離弟散更堪哀，堂前母女相依苦，寸草天涯寄夢來！

別弟

二十七年春，隨軍過洛陽，將往東戰場增援台兒莊；得遇十一弟，小聚數日，匆匆又賦別離。

祖國遭劫難，大地烽火紅；青年沸熱血，報國當從戎。我家三兄弟，勞燕各西東；高堂留老母，倚閭望秋風。長兄請纓去，振翼飛長空；我從戰場來，隨軍過洛嵩。可憐我幼弟，羽毛猶未豐；亦懷凌雲志，投筆氣如虹。他鄉忽邂逅，疑是在夢中；歡笑復黯然，淚眼兩迷濛。把臂且互勉，移孝應作忠；男兒身許國，不愧眞英雄！相聚恨日短，分離太匆匆；揮手從此別，天涯轉秋蓬；唯願凱旋日，把酒各誇功。臨歧囑珍重，何年再相逢？

古戰場行

二十七年春，參加台兒莊大會戰，大軍合擊，殲滅日軍磯谷師團於落馬湖一帶。

朝發砲車鎭，夕至落馬湖。落馬湖，落胡馬，一片澤國滿萑苻；那堪連日淒風挾苦雨，使人瑟縮舉步涉泥塗。相傳此是古戰場，前人詩云「一將功成萬骨枯」；我軍今來聲勢大，乘勝追擊破倭奴。披菖蒲，斬荻蘆，佈得「袋形陣地」如畫圖。入夜漫天匝地燐火舞，又聞陰天鬼哭聲嗚嗚；「秦賊、漢賊」渾不管，且更抱槍倚馬話鬼狐。拂曉一聲號令下，槍聲狂嘯砲狂呼！嗟爾東洋鬼子腿本短，可憐曳尾泥淖如龜徒；「磯谷師團」何驃悍，今亦全軍覆沒落馬湖！從此湖底多枯骨，扶桑鬼哭聲更麤……戰勝歸來疲憊甚，汲水脫衣滌血洗泥污；菸一枝，酒一壺，醉臥湖邊待明日，明日又向何處赴征途？

題與友好合影

二十七年夏，軍次魯南，難得有照相者在，乃與好友蔣蓄及其他友好合影留念。

有酒有詩且放歌，當年壯志未消磨；等閒難覺騎士夢，一隻猩猩一駱駝。

（註）「猩猩」爲蔣蓄綽號，「駱駝」乃我之別號也。

自題劇照

二十七年秋，於魯南軍次；嘗參加演劇，曾飾一鬢髮斑白之老者。

一事無成兩鬢斑，鏡中且夕改朱顏；壯懷未展豈能老？留得青春結伴還！

魯南竹枝詞

二十七年夏秋間，軍次魯南，休息整補，曾駐兩地甚久，乃詩以記之。

（一）土門

群山環臂抱土門，溪水彎彎繞前村；西線秋來無戰事，情歌處處迎黃昏。

（二）鄭王莊

萬里征途跋涉長，休暇小駐鄭王莊；村中少女美如玉，隔戶偷看丘八郎。

春日愁懷

二十八年春，於冀南軍次；寫思母姊及懷兄弟之情。

（一）

浮雲過天際，日暮起回風。夢裡故鄉遠，杯中往事空；親情何日報，手足幾逢？烽火連年後，歸心三處同。

（二）

微雨清明後，塞邊柳絮飛；長風搖靜樹，落日伴春暉。閭外腸應斷，天涯夢未歸；思親情切處，淚下濕征衣。

題贈照片

二十九年秋，覆贈馬越千弟照片，並題此詩。

文采風流吾豈敢？抱殘守缺心未甘！幸有一身傲骨在，好與朋儕另眼看。

書贈

二十九年秋，魯西軍次。

（一）

戎馬詩書奔波忙，烽火三載憶河陽；醉來擲筆空一笑，漫學飛絮作顛狂。

(二)

大河繞盡孤城西，胡笳朔風齊悲啼；一夜鄉思化成淚，都隨歸鴻到淇溪。

（註）淇溪，又名大馬河，上有橋名「淇梁」，周武王大會諸侯曾盟於此。

寄懷

三十年春作。部隊經某次戰亂，友好有死難者，亦有下落不明者，書此以寄悲悼懷念之忱。

肘腋狼煙亂鼓鼙，鴻飛鵠散各東西。老成凋謝悲星隕，壯志沉淪嘆虹低；數載連床共風雨，一朝分手隔雲泥；重逢故舊知何日？落月屋梁夜凄迷！

自題隨身札記扉頁

三十年春作

夢裡雲程路萬千，醒來惘然亦粲然。「白瑯琳」外無長物，「淡芭菇」中有妙禪；莫管他人「感冒」事，漫愁明日「暈忽」錢。誰言丘八生涯苦？參透悲歡亦半仙！

（註）一、「白瑯琳」者，乃Browning手槍也。二、「淡芭菇」爲香菸Tobacco 之譯音。三、「感冒」，爲當時流行於軍中「戀愛」之代名詞。四、「暈忽」，則指喝酒或醉酒而言。

自題習畫之作 三十年春夏之間，於冀察戰區。

（一）自題殘荷肥蟹圖

擎雨蓋殘夏已遲，秋風動我蓴鱸思；何物橫行圖畫裡？空惹老夫饞涎垂！

（二）自題雙葫蘆圖

撚鬚覓韻愧無鬚，信筆塗鴉只自娛；曾學丹青都忘了，且先依樣畫葫蘆。

爲友人題畫 同右；當時「西線無戰事」，軍中得暇，不免以書畫爲娛也。

（一）題惰夫兄畫禿尾老雄雞圖 此詩亦所以寫吾酒友劉惰夫兄之個性耳。

風雨中宵猶自鳴，管他惡聲非惡聲？食殘芻豆空懶散，不羡鵬摶萬里程。

（註）晉書祖逖傳：逖與司空劉琨，共被同寢，中宵聞荒雞鳴，蹴琨覺曰：「此非惡聲也」！因起舞。

（二）題惰夫兄畫策驢圖

「春花秋月何時了」？回首往事恨未消！世態炎涼看不得，且騎蹇驢過小橋。

（三）題惰夫兄畫春閨圖

九里山前起烽火，六朝居內鬧舞歌；閨中那解亡國恨，猶悔夫婿奪關河。

（四）題惰夫兄繪贈千里馬圖

塞上秋風嘶驊騮，平原放轡意難收；郭隗伯樂今若在，不教良駒伴群騶。

（五）題向陽弟繪蛺蝶圖扇面

穿花拂柳舞翩翩，比翼雙飛離恨天；何事莊周偏化夢？應許梁祝使人憐！

「鬱金香之戀」本事詩

（一）擬某「才女」贈馬越千詩

「才女」者，佚其姓氏，或謂名俞金香，征人婦也，而征人久不歸，據傳聞已戰死他鄉。三十年，軍次冀魯邊區，越千五弟慕才女之名而追求之，女贈詩，不能答，乃倩余爲之捉刀；女詩並至不佳，且後亦記憶不全，因依「代答」詩之韻步以「擬」成之。

世亂家貧小院荒，水流花落恨茫茫！陌頭柳色傷心碧，枝上鶯聲驚夢長。

薄命誰憐菟絲草，多情自惜鬱金香。明珠雙淚費思索，且遺新詩到君旁。

（二）代馬越千弟答某「才女」

落日浮雲接大荒，爲誰攬轡立蒼茫？書成露布烽煙遠，夢醒清宵刁斗長。
月照流黃只舊恨，花開凝紫於今香。相思滿紙情無限，願伴佳人錦瑟旁。

（三）贈詩 祝馬越千弟與「鬱金香」之戀得諧好事也。而其事竟未諧，惜哉！

蓬門半掩徑未荒，月上欄杆夜迷茫。倚瑟英雄寧氣短，贈詩才女更情長。
識途老馬金革暖，絕代佳人玉襟香。從此休吟獨不見，斑騅只繫垂楊旁。

（四）詠「鬱金香」事 此事已改寫爲小說，載於七十年四月二十六日青年戰士報副刊。

鬱金香開滿園芳，滿園芳菲蜂蝶忙；蜂蝶忙到春歸去，春歸去也鬱金香！

夜讀 三十一年秋，魯南軍次。

高城刁斗暗旌旗，鐵馬冰河入夢遲；醉枕琱戈人不寐，挑燈重讀放翁詩。

留別 三十二年夏，因有任務暫別原部隊，安危未卜，留詩以告別海洲諸兄。

（一）

征途患難共坎坷，五載煙塵逝流波。仗劍曾歸和氏璧，彈鋏未唱馮諼歌。
一窗風雨故園樹，千里夢魂舊陵駝。遙想北都非吳市，簫聲隱隱過長河！

(二)

跋涉關河逐羌胡，披堅執銳任前驅。長宵倚馬書露布，拂曉登城插螯弧。
樹下將軍功應在，山中介子祿豈無？此行暫別依依甚，他日重來效識途。

題友人全家福照片

三十三年作，以贈苗埜老弟。

韶華不長駐，歲月竟如流；我昔識君君未婚，而今欲白少年頭。一自烽煙起，從軍出盧溝；風雲男兒志，慷慨報國讎。跋涉關山路，轉戰幾春秋；故友大半爲國殤，黃沙碧血點點愁。吁嗟乎！舊夢舊情逝不返，舊恨新愁亦去休！羨君有妻且有子，有子肥壯如犢牛；自古有子萬事足，功名富貴復奚求？醉後爲君題詩篇，題罷擲筆亦忘憂；五花馬，千金裘，昔日白也將進酒，今日我輩朝得夕失又何尤？

偶成

三十三年春作，以此寫風流不羈之蔣蕾老弟，並書贈杜丹兄。

（一）

風濤浩淼一浮萍，惆悵邯鄲夢未成。鐵馬金戈往日事，詩篇畫筆幾時情？
莫流白首蹉跎淚，休問青雲品第名；對酒高歌任哭笑，江湖落拓半狂生！

（二）

年來無復枕琱戈，如水韶華轉眼過！造化弄人知己少，文章憎命亂離多；
難將詩債抵愁債，除卻酒魔即病魔；翹首雲天飛未得，且聽遠樹秋蟬歌。

留別舊友

三十三年作，南行別英奇大兄及越千五弟等舊日友好。

憶自烽煙起舊京，請纓結伴從軍行。肝膽互照同憂患，意氣相投共死生；
往日悲歡春草夢，他年風雨故人情；鵬程此後雲天隔，皓首毋忘少年盟！

秋日書懷

三十三年秋，返回部隊，書於路東軍區高樓防次。

落日孤煙塞上秋，同袍舊友聚高樓。論功豈僅三州牧？報國何須萬戶侯！
憂樂毋忘千里志，等閑莫白少年頭。雲山遠處極目望，一片相思放不收。

（註）余曾以師政治主任而兼曹、單、及虞城三縣縣長。又，末句爲憶蒂華未至也。

七夕有寄 三十三年秋作，憶蒂華也。

（一）

風雪蒼茫過都門，相逢乍喜笑語溫。藍田玉暖吉士夢，紅袖香添美人恩；
石閣雲深春不曉，琴橋月上夜無痕。此夕銀河千里隔，天涯海角欲斷魂！

（二）

曾憶湖山草青青，踏莎更上月老亭；春華秋實同祈願，地久天長共丁寧。
無那深閨人憔悴，若爲邊塞夢飄零；關河萬里相思苦，倚馬遙看牛女星。

—丁巳（六十七年）七夕，與蒂華結婚三十三周年紀念日，再改定稿，書爲條幅，懸於壁間，以誌往事之悲歡於不忘。並將此手跡印於自選集中。

接得捷報口占 三十四年初春，於路東寶光寺軍次，時任師參謀長。

邊塞早春刁斗寒，風高露冷夜將闌；前軍捷報如飛至，挑去燈花仔細看。

勝利接收途中口占 三十四年八月，抗戰勝利，奉命首先入徐州辦理接收工作，途中口占此詩，一抒胸臆。

秋風起兮傳凱歌，華夏光輝遍山河；百戰歸來壯志償，不負八年枕瑚戈！

（註）「枕戈」及「琱戈」均爲我部隊之代號。

赴徐州接收有感作

三十四年八月，抵徐州後作。

山遠天高四野秋，揚鞭攬轡入徐州。八年苦樂豪情在，萬里煙塵燹火休。
戎馬勛勞何敢計，風雲壯志豈言酬？彭城自古兵爭地，大好關河待接收！

過蕪湖

三十五年春，復員途中過蕪湖，有感而作。

草長鶯飛大地蘇，斜風細雨過蕪湖。十年勛業輕煙渺，萬里征塵舊夢輸；
休計當時投筆願，忍看眼底流民圖；金陵已近燕京遠，何日舟車返故都？

旅途鄉思

三十五年春，寫於蕪湖南京道上。

戰後復員未還鄉，烽煙天外念河陽。蓬蒿遍野田園廢，兵燹連年家業荒；
骨肉流離分萬里，音書斷絕隔四方。胡塵已靖妖氛起，按劍撫髀恨茫茫！

良馬行

三十五年，寫於當塗。

大宛良馬繡金鞍，修尾長鬣色如丹，振耳一鳴似虎嘯，行出市廛萬人看。

曾隨名將征胡虜，縱橫沙場任馳走，蹄下每踐寇兵屍，頸前常掛賊酋首。而今解甲歸田里，朝磨黍粱暮碾米，滿身斑駁鞭楚傷，遍體泥垢無人洗。鄉村荒歉田不收，哀鴻遍野萬戶愁，百畝之家無炊飯，遠驅牲畜上市頭。市頭商買多重利，廉值買得牛驢去，買得牛驢任宰割，誰買良馬供駕馭。驊騮羞與駑駘伍，伏櫪誰識馬心苦，嗚呼千秋更無伯樂生，長使良馬顛頓湮塵土。

（三十五年八月十二日，南京中央日報「泱泱」版副刊）

吉普歌

三十五年，寫於蕪湖。

有車名吉普，聲威猛於虎，叱咤挾風沙，驤騰捲塵土，廬舍任衝撞，人命任呑吐，馳騁通衢路，橫行莫敢阻。上有司機者，神情何威武，左手輕轉輪，右攬如花女；女郎貌何豔，墨鏡映雪膚，皓齒耀日光，長髮隨風舞，輕顰復淺笑，喁喁吐軟語。耳鬢相廝磨，色授魂迺予，一縷纏綿情，浸淫透心腑，頭暈目亦眩，六神竟無主，輪舵失控制，蹌踉入菜圃。菜圃有老農，年已六十五，把鋤治壟畦，勤墾日當午，不意飛來禍，頃刻性命殂，赤血染蒼鬢，飲恨到千古。反觀司機者，眦裂腮如鼓，大罵老傖奴，無眼自討苦；撫肩慰女郎，吾愛受驚否？從容扳輪機，佯長返官署，猶沾無辜血，碾地兩三縷。吉普乎吉普，偉大實屬汝！

（三十五年八月十六日，南京中央日報「泱泱」版副刊）

悼七兄

胞兄君仁，行七，有文學藝術天才，嘗以「流螢」自況。抗戰軍興，我弟兄三人均投筆從戎，勞燕分飛，音問不通者數年；勝利前後，方慶已得聯系，而噩耗傳來，七兄竟以三十一歲之英年，於三十五年秋積瘁逝世陝南。

（一）

他鄉飄泊未能歸，骨肉重逢事願違；天外噩耗如霹靂，隕星似雨雨霏霏。

（二）

十年生別已可悲，那堪傷心賦永離；從此中宵添遠夢，哀歡歷歷憶兒時。

（三）

愁風苦雨送晚涼，纔過中秋又重陽；劫後故園茱萸盡，登高夢醒淚沾裳。

（四）

池塘草謝秋已闌，風雨敲窗姜被寒；夢隔關河腸欲斷，天末雁群不忍看。

（五）

賦詩猶記說流螢，點點螢火映曉星；不世才華天應惜，人間何處弔英靈？

（六）

沖天已是到中天，壯志未酬失英年；尙有吾家良驥在，馳驅誓必向燕然！

三月 三十七年春，於上海。

江南三月雨霏霏，扶頭酒醒鄉夢迴；何來燕子如相識，頻學杜鵑喚人歸。

北望吟 三十七年春，於上海。

北望關山驛路長，煙塵深處是河陽；春來雲樹傷心碧，應識他鄉非故鄉！

憶往偶成 三十七年秋，寫於上海。

蘆溝曉月台莊霧，邊塞風雲海上情；百戰疆場詩興在，十年戎馬一書生。

全家在台團聚有感

三十八年夏，大陸淪陷前，余自上海偕妻兒來台，十一弟與八姊夫婦，則已奉母隨軍先來臺灣；一家重聚於嘉義，生活難苦猶樂。所可悲者，七兄已長眠於陝南之地下耳。

故國河山嘆沉淪，桃源何處可避秦？十年離亂親情貴，四海飄零孝道珍；
三代康強便是福，滿門忠藎不爲貧。堪憐每舞萊衣後，遍數雁行少一人！

哭母詩

我母王太夫人於四十一年病逝，寄骨嘉義彌陀寺（「彌陀晨鐘」爲嘉義八景之一）。樹欲靜而風不息，世間可哀者孰甚於此。

世亂兵荒百事違，離巢燕雛各分飛。負戈未計綵衣失，倚閭誰憐白髮稀？
樹靜風揚悲曷極，家殘國破恨難歸；他鄉古寺晨鐘遠，寸草何年報春暉？

悼十一弟本懷

生逢亂世夢全非，兄弟分如勞燕飛。烽火十年傷雁序，流離萬里失春暉。
孩提歲月琴書樂，老大情懷手足依。從此人天竟永隔，詩成不覺淚沾衣。

（後記）胞弟本懷，在吾大家庭之兄弟行中排爲十一，余則行十，胞兄君仁行七，抗戰期間兄弟三人均投筆從戎，相互不通音問者多年。抗戰勝利之次年，七兄君仁不幸病逝陝南城固。大陸變色，全家在台團聚，而家母又於四十一年病逝左營。十一弟由青年軍轉海軍，退役後，亦同余服務於中委會，娶妻生子，生活安定，手足依扶，尤爲樂事。惜於數年前不愼中風，竟致纏綿病榻，終至不起，於八十五年六月一日逝世於耕莘醫院。時値此書付梓之前，特將悼詩，編入卷末，以誌我衷心痛惜悼念之至意。

‧附錄‧

鍾雷作品目錄

①尾巴的悲哀	（三幕劇本）	新生出版社	四十年三月
②風聲鶴唳	（三幕劇本）	新生出版社	四十年六月
③生命的火花	（詩集）	重光文藝出版社	四十年九月
④農村進行曲	（電影劇本）	農教電影公司	四十三年九月
⑤在青天白日旗幟下	（詩集）	中央文物供應社	四十四年九月
⑥偉大的舵手	（詩集）	文壇社	四十四年十月
⑦碧海同舟	（電影劇本）	中央電影公司	四十五年三月
⑧天涯比鄰	（電影劇本）	國華影業公司	四十六年二月
⑨歸來	（電影劇本）	中央電影公司	四十六年八月
⑩邊塞英烈傳	（四幕劇本）	中國萬歲劇團	四十七年一月
⑪苦女尋親記	（電影劇本）	中央電影公司	四十七年六月
⑫良宵驚魂	（電影劇本）	中國影業公司	四十七年七月
⑬榴火紅	（短篇小說集）	中原出版社	四十七年七月
⑭蕩婦與聖女	（電影劇本）	中央電影公司	四十七年十二月

⑮雙城復國記（三幕九場史劇） 正中書局 四十八年六月
⑯春愁（電影劇本） 僑聯影業公司 四十八年十二月
⑰哀樂青春（電影劇本） 中國影業公司 四十八年十二月
⑱文協十年（文藝史） 中國文藝協會 四十九年五月
⑲辛亥大革命（電影劇本） 中央電影公司 四十九年六月
⑳華夏八年（四幕六場劇本） 中央文物供應社 五十年五月
㉑金馬風雲（電影劇本） 香港海燕公司 五十一年三月
㉒毋忘在莒（電影劇本） 中央電影公司 五十一年七月
㉓天之一角（電影劇本） 東方影業公司 五十二年八月
㉔希望在春天（電影劇本） 台灣電影製片廠 五十二年十二月
㉕江湖戀（中篇小說集） 文壇社 五十三年四月
㉖紅塵（電影劇本） 東方影業公司 五十三年五月
㉗溫暖人間（電影劇本） 台灣電影製片廠 五十三年十月
㉘青年神（中篇小說） 幼獅書店 五十四年三月
㉙五十年來的中國電影（文藝史） 正中書局 五十四年四月
㉚長虹（三幕劇本） 正中書局 五十四年七月
㉛大同世界（四幕歌舞劇本） 國父百年誕辰紀念大會 五十四年十一月
㉜梨園子弟（電影劇本） 中央電影公司 五十五年八月

㉝小鎮春曉（長篇小說） 台灣省新聞處 五十五年十二月
㉞金色傀儡（四幕改編劇本） 菲律濱劇藝出版社 五十六年一月
㉟柳暗花明（三幕四場劇本） 華實出版社 五十六年七月
㊱清宮殘夢（電視連續劇本） 台灣電視公司 五十九年十二月
㊲開國前後（電視連續劇本） 台灣電視公司 六十年一月
㊳片羽集（選集） 華實出版社 六十年五月
㊴欽差大人（四幕改編劇本） 菲律濱劇藝出版社 六十年八月
㊵國父傳（四幕史劇） 中國戲劇藝術中心 六十年十二月
㊶天涯詩草（詩集） 華實出版社 六十一年六月
㊷萬古流芳（電視連續劇本） 中國電視公司 六十一年六月
㊸大路（電視連續劇本） 中國電視公司 六十一年十月
㊹氣壯山河（電視連續劇本） 中國電視公司 六十二年七月
㊺一代暴君（電視連續劇本） 中國電視公司 六十三年三月
㊻一代紅顏（電視連續劇本） 中國電視公司 六十四年二月
㊼大地風雷（電視連續劇本） 中國電視公司 六十四年七月
㊽香妃（電視連續劇本） 中國電視公司 六十四年十二月
㊾隋唐風雲（電視連續劇本） 中國電視公司 六十五年一月
㊿武則天（電視連續劇本） 中國電視公司 六十五年三月
51赤地（電視連續劇本） 中國電視公司 六十五年三月

52 精忠報國（五幕八場史劇） 中國戲劇藝術中心 六十五年四月
53 一代霸王（電視連續劇本） 中國電視公司 六十五年八月
54 天怒（電視連續劇本） 中國電視公司 六十五年十月
55 鍾雷自選集（選集） 黎明文化公司 六十七年五月
56 大時代的故事（電視連續劇本） 中國電視公司 六十八年六月
57 戰國風雲（電視連續劇本） 中國電視公司 六十九年十一月
58 電視編劇的理論與實務（文藝理論） 中視周刊社 七十年三月
59 開國黃帝（廣播連續劇本） 中國廣播公司 七十年七月
60 大漢天威（電視連續劇本） 中國電視公司 七十年十月
61 苦海餘生（電視連續劇本） 中國電視公司 七十一年十月
62 風雨燕歸來（四幕五場劇本） 中華電視公司 七十二年九月
63 海宇春回（四幕六場劇本） 行政院文建會 七十二年十二月
64 書劍千秋（電視連續劇本） 中國電視公司 七十三年九月
65 石破天驚（五幕史劇） 行政院文建會 七十三年十月
66 唐山過台灣（電影劇本） 台灣省電影製片廠 七十五年十月
67 青年之神（長篇傳記小說） 近代中國出版社 七十六年二月
68 美夢成眞（九銀幕電影劇本） 台灣電影公司 七十七年六月
69 春之版圖（詩集） 華實出版社 八十一年五月
70 拾夢草（詩集） 文史哲出版社 八十六年七月